Sekundenschläfer

PETER SCHUHMANN

Sekundenschläfer

(Gedichte aus den Aufwachräumen)

Bibliografische Information der Deutschen Nationalbibliothek:
Die Deutsche Nationalbibliothek verzeichnet diese Publikation in der
Deutschen Nationalbibliografie; detaillierte bibliografische Daten sind im
Internet über dnb.dnb.de abrufbar.

Satz, Umschlaggestaltung, Herstellung und Verlag: BoD – Books on
Demand, Norderstedt
ISBN: 978-3-7534-6638-5

Inhalt

Denk mal

Novemberstaub

Der Staub der Plakate,
verbotener Schriften,
zerrissener Tücher,
mit Worten, so frei.
Gefallen auf Steine,
die Gänge der Kirchen,
das Laub in den Gullys,
an Schatten vorbei.

Der Staub schwarzer Stiefel,
uniformer Gedanken,
gehorsamen Gleichschritts,
mit Knüppeln, so kalt.
Getreten in Fugen
des blutenden Pflasters,
ins Wachs all der Kerzen,
mit letzter Gewalt.

Der Staub der Geschichte,
vergessener Tage,
verwegenen Aufbruchs
aus eiserner Zeit.
Geweht aus den Köpfen
erkalteter Herzen,
selbstzweifelnd versunken
in Gleichgültigkeit.

Sekundenschläfer

Die Augen zu, die Augen auf!
Im Wandel scheint der Weltenlauf,
und alles Leben, grad vertraut,
schon wieder fremd und umgebaut.

Eintausend Dinge, die ich sah,
sind fort, verschwunden, nicht mehr da,
wie Sternschnuppen davongeflogen,
oder versunken tief im Boden.

Im Sog der Zeit, befreit von Sinnen,
spür ich die Wirklichkeit verrinnen.
Stellt Ungewissheit neuer Tage
das kleinste Staubkorn selbst infrage?

Die Augen zu, die Augen auf!
Die Welt rotiert im Dauerlauf.
Nur für Sekunden war ich fort,
erkenne nicht mehr diesen Ort.

Unberührbar

Wenn Nähe alles ist,
weil Dich die Welt vergisst,
Dich nichts erinnern kann.
Was fängst Du an?

Wenn Du gefangen scheinst,
still im Verborg'nen weinst,
die Tür'n verschlossen sind.
Wo gehst Du hin?

Wenn Leben Dich verwirrt,
Dich keine Hand berührt,
man niemand zu Dir lässt.
Wer hält Dich fest?

Wenn nichts durch Wände dringt,
kein Kind ein Lied Dir singt,
kein Blick zum Fenster rauf.
Wann gibst Du auf?

Neue Freiheit

Frei von Meinung,
frei von Wahrheit,
frei von Zweifeln,
frei von Sicht.

Frei von Wurzeln,
von Geschichte,
frei von Rechten,
frei von Pflicht.

Frei von Anstand,
frei von Gleichheit,
frei von Heimat,
frei von Wut.

Frei von Werten,
von Idealen,
frei von Freiheit,
frei von Mut.

Morgenglut

Im Osten geht die Sonne auf,
sie sieht die Straßen brennen.
Die letzte große Völkerschlacht
um jede Zeile Eurer Macht,
die Wahrheit zu benennen.

Wo einst die Landschaft blühen soll,
gedeihen Gier und Wucher.
Die Wände fest in fremder Hand,
steh'n Tagelöhner weit am Rand,
und fühl'n sich wie Besucher.

Die Freiheit, die versprochen war,
noch steckt sie in den Büchern.
Verblasst die Schrift für alle Zeit?
Das Bärenfell ist längst verteilt,
in Bruders trocknen Tüchern.

Des Pfarrers Tochter liebt indes
nur ihren Übernächsten.
Betroffenheit als Ritual,
Zweckhumanismus ins Regal,
und ewig gleiche Gesten.

Die Demagogen schrei'n: »Das Pack
aus dunkeldeutschen Landen!
Schützt uns vor Arbeitern und Bauern,
zieht wieder hoch die Brandschutzmauern!«
Sie haben's nicht verstanden.

Im Osten geht die Sonne auf,
sie sieht die Seelen brennen.
Dort, wo Enttäuschung wächst zur Wut,
ist noch in jeder Asche Glut.
Ihr werdet es erkennen!

Denk mal

Der Feind der Gewissheit sind freie Gedanken,
sie rütteln und schütteln am eisernen Tor.
Zerreissen noch Mauern, durchbrechen die Schranken,
und stellen sich trotzig als Zwiespalt davor.

Geboren in Köpfen geduldiger Zweifler
mit offenen Herzen und fragendem Blick.
Der ewige Albtraum der Schmeichler und Heuchler
führt alle Erkenntnis auf Anfang zurück.

Die letzte Bastion freien menschlichen Geistes,
unter Knochen und Haut auf einsamer Wacht.
Verborgen in endlosen Gängen, so heißt es.
In Zeiten des Wahnsinns: Gebt gut auf ihn acht!

Selfie mit Burka

Zwei braune Augen hinter Seide,
ein Selfie aus der neuen Welt,
für alle, die daheim geblieben,
vom Lande, das er auserwählt.

Die Sonne glitzert in Fassaden,
gebietend nimmt er ihre Hand,
drapiert sie artig vor die Brücke
und lehnt sich lässig an den Rand.

Ein stummes Lächeln in vier Wänden,
ihr Mund berührt das schwarze Tuch.
So ist es immer schon gewesen,
so sagt's die Schrift im großen Buch.

Er schaut entschlossen in die Linse,
die gold'ne Zukunft fest im Blick.
Ein letzter Streifzug durch die Haare –
alles perfekt! Schon macht es klick.

Zwei braune Augen hinter Seide,
ein Selfie aus der neuen Welt.
Vergeblich wartet sie im Dunkeln,
dass auch für sie der Vorhang fällt.

Philanthrop

Ich halte hundert Sklaven,
Du kannst sie nur nicht seh'n!
Sie leben, hat man mir erzählt,
am andern Ende dieser Welt,
und schuften, schürfen, näh'n.

Zwanzig in Delhis Süden,
kaum fünfzehn Jahre alt.
Sie weben mir ein neues Kleid,
das gönn ich mir von Zeit zu Zeit
von Mamas Mordsgehalt.

Dreißig im Herzen Chinas,
in Suzhou und Shanghai.
Sie schrauben sich die Finger wund,
mein iPhone gegen Muskelschwund
vom Kadmium und Blei.

Fünfzig in Kongos Hölle,
Blutschaufeln in der Hand.
Sie graben tief im Kobaltschacht,
von meinen Treibern gut bewacht,
fürs dieselfreie Land.

Ich halte hundert Sklaven,
Du kannst sie nur nicht seh'n!
Wenn ich am Freitag demonstrier,
für Pflanzen, Klima und Getier,
damit es ihnen ganz konkret
in Zukunft endlich besser geht,
sie werden es versteh'n:
Als Sklavenhalter trag ich gern
Verantwortung für meinen Stern.

Großstadtmorgen

Noch eh der Tag das Mondlicht frisst,
der allerletzte Stern verlischt,
erwacht die Bestie aus dem Schlaf,
liegt mir zu Füßen, nackt und brav.

Nur ein Moment Benommenheit,
ein Wimpernschlag – schon ist es Zeit.
Sie schüttelt ihre müden Glieder
und summt die altbekannten Lieder.

Alles zu schnell,
alles zu laut.
Alles so fremd
und doch so vertraut.

Die Tür geht auf, schon bricht sich Bahn
der morgendliche Größenwahn.
Wie Fischlein schwappen Menschenmassen
in Heringszügen durch die Straßen.

Zu den Säulen der Macht aus Glas und Beton,
die Seelen gefangen hoch oben im Turm.
Von hier blicke ich traurig an Tagen wie Blei
als Astronaut auf die Erde und wünsche mich frei.

Alles zu schnell,
alles zu laut.
Alles so fremd
und doch so vertraut.

Das Sonnenblut streift mein Gesicht,
ich seh sie, doch ich spür sie nicht.
Ein dicker Panzer aus silbernen Scheiben
lässt mich allezeit unberührbar nun bleiben.

In meinem Kopf ein Stimmenmeer,
ich tauch Gedanken hinterher
und komme auf dem Grund zum Liegen.
Sie wollen einfach nicht mehr fliegen.

Alles zu schnell,
alles zu laut.
Alles so fremd
und doch so vertraut.

Und alles im Fluss
und alles im Wahn.
Jeden Tag brech ich auf,
doch nie komm ich an.

Ich schließe die Augen und mach mich bereit
für ein zweites Leben voll Einsamkeit.

Zeigefinger

Der eine erhoben,
die andern gebogen,
klammheimlich zur Faust.
Versteifte Moral,
im Recht überall.
Oh, wie es mir graust!

Im Wahn

Vom Selbstmord der Fische

Gecastete Flundern,
nackt unter den Haien,
sie recken und strecken
den kindlichen Leib.
Gefangen in Reusen
der blutleeren Herrin,
zum Spaß und Vergnügen,
als Abendvertreib.

Verschwendete Schönheit,
dressiert nach Belieben,
im eiskalten Wasser
kühl manipuliert.
Frontale auf Brüste
in schamloser Freude,
den Selbstmord im Becken
perfekt inszeniert.

Zerbissene Lippen
nach traumlosen Nächten
mit künstlichem Futter
und künstlichem Licht.
Die Seelen geopfert,
die Flossen beschnitten.
Nur ein Fisch auf's Cover,
kein Foto für Dich!

Im Wahn

Bürger, höret den Beschluss,
dass das Volk nun gendern muss!
Endlich wurde er entdeckt,
der korrekte Dialekt.

Also geh'n wir in den Zoo,
schauen Erdfrauchen und Co.
Vorher muss ich zum Verdrießen,
schnell noch die Kaktussi gießen.

Lauscht zudem der frohen Kundin,
hier von unsrer Schäferhündin.
Sie warf Mädchen, keine Jungen!
Die sind Rocky nicht gelungen.

Beim Bäcker gibt es, das macht Sinn,
jetzt endlich auch Berlinerin.
Und nebenan im Sportverein
darfst Du Mitglied und ohne sein.

Wie heißt es im Verkehrs-Dekret?
Fußgängerinnen-Überweg!
Sogar James Bond trinkt früh um zwei,
nun gut gerührt, Martina Dry.

»Wer kann so viel Blödsinn schreiben?«
»Kannst Du bitte sächlich bleiben!«
Love me Gender, überall –
mein Duden kotzt gleich ins Regal!

Tagesschau

Guten Abend
an den Scheiben,
Rotwein auf und
sitzen bleiben!

Weis- und Wahrheit
nun fürs Land,
öffentlich aus
erster Hand:

Schwerstarbeit
im Bundestag,
GroKo segnet
Bon-Pflicht ab.

Nur noch gut sind
die Gesetze.
Gute Kitas,
Steuern, Netze.

Tausend Bundes-
wehrsoldaten
in Kabul, jetzt
auch mit Spaten.

Boris Johnson,
unser Feind,
Brüssel, unser
bester Freund.

Hier die Guten,
da die Bösen,
Mittelerde lässt
schön grüßen!

Greta segelt
übers Meer,
nur ihr Tross
fliegt hinterher.

Mit den Kranichen
vom Darß.
Ups, ein Windpark?
Ja, das war's!

Noch mehr Meinung
zu Problemen
später in den
Tagesthemen.

Journalistisch
höchst erlabend.
Einen schönen,
guten Abend!

Von Schafen und Wölfen (23.07.2020)

Aus den Wäldern der Großstadt,
welch bestialisches Rudel,
auf der Suche nach Zartfleisch
in unbekanntem Revier.
Übermächtige Gegner,
keine Chance zu entkommen,
aus dem Albtraum in Wellen
ohne Spur von Erbarmen.

Zerfetzt der junge Leib,
geraubt ihre Seele.
Hundertfaches Geschick
im Schatten trauriger Jahre.

Drakomische Strafen:
Fünf
Jahre
für ein zerriss'nes Leben.
Zwei Monster auf Bewährung.

Beschämendes Schweigen,
verstörendes Flüstern:
Keiner konnte es ahnen,
keiner konnte es hindern!

Und doch,
vom Anbeginn der Tage:
Mit den Schafen kamen die Wölfe.

Die Rückkehr der Kreuzritter

Sie reiten durch den Blätterwald,
die Rüstung eng, die Nächte kalt.
Den Gral der Weisheit im Gepäck,
vor Widerworten gut versteckt.

Mit Argusaugen wachen sie.
Ein Freund? Ein Feind? Man weiß ja nie!
Ihr scharfes Schwert ist auf der Hut
vor manchem Schreib- und Tunichtgut.

Des Geistes Nacktheit gut versteckt,
vom Stahl des Harnischs zugedeckt,
so ziehen sie durchs Abendland,
und legen Wort für Wort in Brand.

Die Flammen lodern meilenweit,
Fanal der neuen alten Zeit.
Das Feuer der gerechten Krieger,
die Einfalt, sie kehrt immer wieder.

Sie wollen nichts ergründen,
nur Wahrheiten verkünden.
Die letzte Leib-Eskorte
der Diktatur der Worte.

Russisches Märchen

Dort hinten am Wäldchen, im Schatten der Birken,
wo Mütterchen Russland zu Leben erwacht,
steigt der Falke empor, hin zur Sonne, zur Freiheit,
aus finsteren Kerkern in schlohweiße Nacht.

Der Bär sank zu Boden vor dem Ende der Tage,
den Trinker belächelt, den Träumer betrogen.
Als er voll Vertrau'n seine Klauen gestreckt,
den vergifteten Dolch aus dem Mantel gezogen.

Alte Schwüre dahin, den Dwina überschritten,
die Stiefel gesetzt auf das blutende Land.
Nichts gelernt aus den Liedern, denn Katjuscha wird warten,
dort im Schatten der Birken, an des Flusses Uferwand.

Samstags for future

Die Uhr schlägt zehn vom Rathausturm,
die große Ruhe vor dem Sturm.
Ich starr bei Karstadt durch die Scheiben.
Wo all die anderen bloß bleiben?

Mein iPhone stöhnt und Sören schreibt:
Kann doch nicht kommen, tut mir leid.
Kein SUV von meinen Alten,
sie wollen ihn heut gern behalten.

Erneut vibriert die Jutetasche,
gleich neben der Club-Mate-Flasche.
Vanessa meint, sie hat verschwitzt,
dass sie schon fast im Flieger sitzt.

Und Bruder Max sei von den Socken,
seine Pappmaché ist noch nicht trocken:
»Stoppt deutsches Kohlendioxid,
bevor halb Asien erstickt!«

Marie-Sophie muss auch was posten
bei Instagram vom Party-Osten:
10.000 Watt pro Box, wie geil,
»Rave für die Umwelt«, das hat Style!

WhatsApp von Tom: »Bin noch in Halle,
To-go-Becher bei Starbucks – alle!«
Na, alles klar – ich fahr nach Haus.
Am Samstag fällt die Zukunft aus!

Meine Therapie

Keine Glotze,
keine Sprüche,
kein Politikerlatein!
All die schlauen Oberlehrer,
Seelenklempner, Herzbeschwerer,
selbst ernannten Volksbekehrer
schalt ich einfach nicht mehr ein.

Ohne WLAN,
ohne Pixel,
ohne virtuellen Graus,
WhatsApp-Gruppen-Überstunden,
Instagram- und Facebook-Runden,
YouTube-Schnipsel für Sekunden
sieht die Welt ganz anders aus.

Echte Menschen,
echte Bilder,
echter analoger Kram!
Lieblingsbücher, Kinderlachen,
lauter längst verstaubte Sachen,
die mich wieder glücklich machen,
lass ich heute an mich ran.

Blutsbande

Handzeichen

Unsere Venen
verwoben –
blau leuchtende Flüsse
zwischen Muskeln
und Sehnen.

Unsere Finger
versunken –
gestrandete Schiffe
im Fleisch
des Geliebten.

Unsere Hände
umschlungen –
ein gordischer Knoten
gegen den Schmerz
des Vergessens.

Unstillbar

Wo sind die Regennächte hin?
Wir ziehen ins gelobte Land
durchs weiche Meer der Laken.
Betörendes Rauschen vor offenem Fenster,
und Zärtlichkeit perlt über uns
wie Tropfen über welkes Grün
nach trostlosen Tagen.

Wo sind die Regennächte hin?
Zwei Hände streifen meine Haut
wie Südwind reife Felder.
Sanftmütiges Flüstern sich beugender Ähren,
und Seligkeit durchbricht die Zeit
wie Sonnenrot das Wolkenmeer
am schlaflosen Morgen.

Scheiterhaufen

Verbrannte Worte,
verbrannte Hoffnung,
verbrannte Sehnsucht,
verbranntes Glück.
Ein halbes Leben
geht auf in Flammen,
nicht eine Zeile
kehrt zurück.

Gekränkte Liebe,
gekränkte Herzen,
gekränkte Träume,
gekränktes Ich.
Silbe für Silbe
im Ascheregen,
und was gewesen,
liest man nicht.

Mit Zorn im Herzen
angezündet
zieht schwarzer Rauch
die Seele rauf.
Du sitzt und heulst
vorm Scheiterhaufen.
Kein Feuer
frisst Dein Feuer auf!

Aus dem Versteck

Hab die Liebe gefunden
auf dem Weg durch die Felsen,
unter kantigen Steinen
lag sie plötzlich in mir.
Unerklärliches Stolpern
über späte Gewissheit,
und mit strauchelndem Herzen
stand ich staunend vor ihr.

Hab die Liebe gefunden
im Labyrinth grauer Tage,
tief verborgen im Dunkeln,
glutrot schimmerndes Licht.
Unerwartete Wärme
durch erkaltete Venen,
fortgespült letzte Zweifel
aus der Haut, Schicht für Schicht.

Hab die Liebe gefunden,
als ich nach ihr nicht suchte,
voller Wunden und Narben
auf nie endender Flucht.
Unverhoffte Begegnung,
in der Mitte der Jahre
traf sie mich ohne Warnung
mit unsterblicher Wucht.

Blutsbande

Zwischen uns
hauchzart gewebte Bande.
Vertraut,
verlässlich.
Ein Leben lang
unzertrennlich.

Getragen
unter meiner Haut. Vernäht
mit meinem Herzen.
Behutsam,
biegsam,
unbesiegbar.

Ich werf sie aus
in den Sturm
zwischen Klippen und Wellen,
als Rettungsseil,
als Nabelschnur.
Als roten Faden
in ein besseres Leben.

Ein Augenblick

Elf Wochen wohnst Du jetzt bei uns,
Du kleine Hand voll Glück.
So oft hab ich Dich angeseh'n
und suchte Deinen Blick.

Heut Morgen habe ich gespürt,
nichts ist mehr, wie es war,
denn uns're Augen trafen sich
im Irismeer, so klar.

Und plötzlich öffnet sich die Tür
zu einem fremden Ort,
zwei Seelen reichen sich die Hand,
erkennen sich sofort.

Ein sanfter Friede fließt in mich
bis auf den tiefsten Grund.
Mit Dir bin ich nun angekommen
hier auf dem Erdenrund.

Erstes Wunder (Für Christiane)

Dezember achtundsiebzig,
das Land ertrinkt im Weiß.
Die Fröste unerbittlich,
und meterdick das Eis.

Unwirtliches Willkommen,
die Welt erstarrt und kalt.
So schneist Du in mein Leben,
kaum selbst zehn Jahre alt.

Das Licht geht oft für Stunden,
gestillt im Kerzenschein
verschläfst Du alle Stürme,
geborgen und daheim.

Zwei gletscherblaue Augen,
verborgen in der Nacht,
die Ehrfurcht vor dem Leben
ist tief in mir erwacht.

Fast aus dem Nichts entstanden,
so greifbar, so vertraut,
ungläubiges Erstaunen
in meiner Kinderhaut.

Das Eis beginnt zu tauen,
Herzwärme zieht ins Land.
Du bindest fest zusammen,
was auf dem Weg sich fand.

So gingen vierzig Jahre,
doch nachts im Feuerschein
fällt mir manchmal im Winter
mein erstes Wunder ein.

Auf dem Spielplatz

Die Welt noch mal von oben seh'n
beim Lachen, Spielen, Toben.
Stahlblauer Himmel überall,
die Hände mutig am Metall,
drei Meter über'm Boden.

Die Schaukel schwingt sich hoch hinauf,
lässt sanft die Seele wiegen.
Die Fußspitzen berühr'n den Sand,
Du schwebst empor zur Häuserwand,
und glaubst fast, Du kannst fliegen.

Mit Augen zu im Kreis sich dreh'n,
es kribbelt wild im Magen.
Die Welt rauscht bunt an Dir vorbei,
ein' Augenblick fühlst Du Dich frei
wie einst an Kindertagen.

Paradiesisch

Vorboten

Ein grüner Farbtupfer
zart hingekleckst
auf eine erwachende Wiese.

Ein sanfter Flügelschlag
zitronengelb
unter der tief stehenden Sonne.

Ein betörender Regenduft
moschusgleich
aus feucht atmender Erde.

Der erste Windhauch
eines Frühlingstages
durchs spaltweite Fenster
meiner fröstelnden Seele.

Kornblumentag

Ein Kornblumentag
voller sorgloser Träume,
weich gebettet ins Blau
einer anderen Welt.
Das Gras unterm Rücken,
einen Halm zwischen Lippen,
fang ich an zu schweben
durch ein himmlisches Leben
unterm Kumulus-Zelt.

Ein Kornblumentag
ohne trübe Gedanken,
selbstversunken im Glück
einer zeitlosen Zeit.
In den Ohren ein Tschirpen,
Flattern, Summen und Zirpen
als Konzert für die Seele
aus der zartesten Kehle,
bis der Abendstern steigt.

Wellenspiel

Überschäumende Grüße aus endloser Weite,
smaragdgrüne Küsse aus Wasser und Sand.
Sie liegen vor uns wie ein funkelnder Teppich,
leichtfüßig gerollt auf dem ebenen Strand.

Überschwängliches Glück aus der Tiefe des Meeres,
euphorische Freude, von Quallen bewohnt.
Sie gleiten dahin in erhabenen Bahnen,
majestätisch und fröhlich, und tänzeln gekonnt.

Überraschende Schauer auf Schultern und Rücken,
geschmückt für Sekunden mit festlichem Flor.
Wir stürzen hinein wie entfesselte Kinder
und kreischen begeistert mit Möwen im Chor.

Übersinnliche Schönheit aus der Wiege des Lebens,
voll Anmut und Zauber nimmt Natur ihren Lauf.
Und ob nicht ein Ozean schon Wunder genug wär,
setzt sie ihrer Schöpfung die Krone noch auf.

Übers Meer

Verwunschenes Glitzern trägt mich in die Ferne,
die Stunden versinken im Grün und im Blau.
Spiegelblank liegt die See.
Nur hier und da ein sanfter Wellenschlag,
der Gischt zart über Planken wirft.

Hell leuchtendes Leinen zieht einsame Bahnen,
die Sehnsucht gestillt am weiten Horizont.
Perfektes Azur!
Nur ab und zu ein weißer Wolkenturm,
der stolz den Stahl des Himmels streift.

Andächtiges Schweigen geläuterter Seelen,
die Töne verklungen auf ewigem Grund.
Unendliche Stille.
Nur dann und wann ein wilder Möwenschrei,
bis der Wind klaglos die Segel streicht.

Abschiedszauber

Das alte Jahr fällt bunt vom Himmel
in kühnsten Farben, Blatt für Blatt.
Zu meinen Füßen, welch Gewimmel,
in Gelb, Orange und Purpur satt.

Das alte Jahr knirscht unter Sohlen
an gold'nen Tagen, licht und mild.
Die Wege knistern schön verstohlen,
es knackt und rauscht und raschelt wild.

Das alte Jahr weht durch die Wälder,
in jedem Baum ein neuer Ton.
Es braust noch einmal über Felder,
sagt laut Adieu und stürmt davon.

Winterfest

Mach Dich bereit
für die eisige Zeit,
für Nebel und Matsch
und Dunkelheit.

Pack Bilder ein
vom Sonnenschein,
von Tagen am Meer
und Glücklichsein.

Und wenn Du meinst,
dass ich Dir fehle,
dann nimm mich mit
und leg mich als Schal
um Deine Seele!

Paradiesisch

wolkenlos,
die Lüfte lau,
die Welt um uns
im tiefen Blau

mühelos,
die Flügel weit,
die Schatten fort
fernab der Zeit

schwerelos,
die Herzen leicht,
Gedanken frei
und Menschen gleich.

Nabel der Welt

Alles auf Anfang!

Alles wie gehabt zu haben,
nach viralen Chaostagen.
Pflegehände, die sich plagen,
Eltern, die die Lasten tragen,
während all die hippen Knaben
wieder nach Rekorden jagen.

Alles wie gehabt zu haben,
ohne Weitblick alles wagen.
Berge unbezahlter Gaben,
für den Rausch vom Wohlbehagen,
nur den Schwächsten an den Kragen,
die sich um den Abfall schlagen.

Alles wie gehabt zu haben,
keine Zweifel zum dran nagen.
Über Fußballplätze traben,
Klopapier in allen Lagen,
Nichtigkeiten überragen
selbst die Karre tief im Graben.

Alles wie gehabt zu haben,
Größenwahn, kaum zu ertragen.
Nur kein Zaudern und Verzagen,
keine unbequemen Fragen
unterm Himmel voller Raben.
Um die Wahrheit Dir zu sagen:

Dieses Land, in dem ich wohne,
hat wohl einen in der Krone!

Corona-Peter

Sieh einmal, hier steht er,
pfui, Corona-Peter!
Mag Chemie nicht leiden
an den Händen beiden.
Und am Mundschutz, ei der Daus,
schaut manchmal die Nase raus.
Gestern war er, wie gemein,
noch dazu im Altersheim.
Um die Oma zu besuchen,
brachte Liebe mit und Kuchen.
Und am Ende, ganz verrückt,
hat er Oma noch gedrückt.
Pfui, ruft da ein jeder:
Anderthalben Meter!

Prepperiert

Corona aus, nun sitz ich hier,
auf acht Paletten Klopapier.
Sechzig Vollkorn-Pack Farfalle,
die genießbaren war'n alle.
Zehn Sack Mehl, falls ich was backe,
hab's mal probiert – es schmeckte kacke!
Hinterm Mehl steh'n gleich zuhauf
Arztseifen, da schwör ich drauf.
Ferner Handschuh in fünf Größen,
wollt die Hände nie entblößen
vor der infektiösen Masse
in der Bahn und an der Kasse.
Außerdem gibt's Batterien,
zentnerweise Medizin,
Brot in Büchsen, Küchenrollen,
bis zur Rente aus dem Vollen.
Für den Fall und alle Zwecke
reicht der Stapel bis zur Decke.
Und mein Keller, kein Geflunker,
sieht schon aus wie Erichs Bunker.

Dein Land

Bin ich noch Dein Land
trotz all meiner Schwächen?
Den Messern, den Hetzern,
den Scheren im Kopf?
Dem Heer von Millionen
stumm nickender Köpfe,
die Hirne verkümmert
am medialen Tropf.

Bin ich noch Dein Land
trotz all Deiner Zweifel?
Den Ängsten, der Ohnmacht,
der Resignation?
Dem sorgvollen Blick
über Straßen und Plätze,
die Menschen geflüchtet
in Isolation.

Bin ich noch Dein Land
trotz trüber Gedanken?
Den Mauern, den Gräben,
dem eiskalten Blick?
Trägst Du mich im Herzen,
nennst Du mich noch Heimat?
Trotz all der Verbote –
bleib ich Dein Geschick?

Mundtot

Deine Zunge gehütet,
Deine Worte gezählt.
Fest verschlossen Dein Mund,
tiefes Schweigen gewählt.

Deine Lieder verklungen,
Deine Haltung gefasst.
Still gepresst Deine Lippen,
selbst ihr Rot schon verblasst.

Deine Sprache verloren,
Deine Stimme verhallt.
Denkst Du, das ist die Antwort
auf arrogante Gewalt?

Instinkt

Ein Marktplatz voller netter Leute,
authentisch wirkt die Szenerie.
Doch Wölfe heulen mit der Meute.
Ein Mob, der flashte mich noch nie!

Hurra, ein Job mit höherer Gage,
im Glaspalast im Firmenschrein,
als Eintritt in die Chefetage.
Doch mein Gefühl sagt: Lass es sein!

Zwei blaue Augen sind geblieben,
die Nacht ist schon vier Stunden alt.
Beginne fast, mich zu verlieben,
doch irgendetwas strahlt zu kalt.

Ein leises Flüstern: »Nichts wie weg hier!«,
wann immer ich nicht sicher bin.
Da wohnt ein scheues Waldtier in mir,
das kennt wohl Ende und Beginn.

Stecknadelstunde

Die Stille ist ein Verräter.
Subtil,
beklemmend,
bedrohlich.
Urplötzliches Schweigen
im Schwall heftiger Worte.
Verstörende Ruhe.
Doch dann,
ohne einen Laut,
eine Silbe
oder Regung,
jeden Gedanken offenbarend,
der unausgesprochen lauert
hinter den Mauern
verbitterter Stirnen.

Sternzeichen (Weihnachten 2020)

Das Jahr hat Dich geschunden,
es liegt novembergrau
als Schatten auf der Seele,
verlebt, vernarbt und rau.

Die Hoffnung auf ein Wunder
verblasst ein weit'res Mal.
Die Tage schmeckten bitter,
verdorben, kalt und schal.

Lass Deinen Mut nicht sinken,
fühl Dich nicht schwach und klein.
Komm, öffne alle Türen
und lass die Weihnacht rein!

So oft schon aufgestanden,
so oft wieder gefall'n.
Sich selbst nicht aufzugeben,
das Schwierigste von all'm.

Die Welt kennst Du von unten
und Glück nur weit entfernt.
Das Leben überleben,
das hast Du schon gelernt.

Versuch für ein paar Stunden,
vom Gram Dich zu befrei'n.
Komm, öffne Deine Augen
und lass die Weihnacht rein!

Schau nicht zum Selbstverzweifeln
in die Vergangenheit.
Den Blick hinauf zum Himmel,
vergeude keine Zeit!

Halt Ausschau zwischen Sternen
nach einem Silberstreif.
Und sind die Nächte dunkel,
entdeckst Du ihn vielleicht.

Denn Hoffnung ist der Anfang,
dem Leben zu verzeih'n.
Mach Platz in Deinem Herzen
und lass die Weihnacht rein!

Der Klang des Geldes

Hörst Du es rascheln,
spürst Du sein Knistern,
folgst Du dem Summen
der ewigen Gier?
Das Lied der Sirenen
seit Tausenden Jahren
von Glück und von Reichtum,
schon tönt es in Dir.

Es schlägt seinen Rhythmus,
rührt leise die Trommeln,
versetzt Dich in Trance
in wild zuckendem Licht.
Kannst Du Dich noch wehren?
Fühlst Du noch die Freiheit
zu wählen, was Wert hat,
oder kannst Du es nicht?

Beende die Knechtschaft
der falschen Versprechen.
Erheb Deinen Willen
aus funkelndem Staub.
Lass Dich nicht verführen,
glaub nicht den Gesängen
des Chors der Verdammten.
Stell Dich einfach taub!

Nabel der Welt

Mittellos in Mittelfranken,
mittelprächtig geht's dem Kranken.
Mittelmäßig ist das Klima,
Reich der Mitte nennt man China.

Mittelchen im Mittelalter,
Mittelfeld, nur der Fritz Walter.
Mittellang, die Jugend her,
Urlaub nur am Mittelmeer.

Mittelklasse auf den Straßen,
Mittelspur statt Rettungsgassen.
Mittelhirne ausgeschaltet,
wo der Mittelfinger waltet.

Mittelscheitel als Fassade,
mittelschlau nur, ach, wie schade!
Mittelgradig unsympathisch,
stets im Mittelpunkt somatisch.

Mitteldeutsch, das Hinterland,
mittelgut, der Mittelstand.
Ist die Mitte erst verschwunden,
bleibt nicht mehr viel Platz nach unten.

Die Guten

Der Fortschritt kann beginnen,
wir stehen schon bereit!
Vorbei des Stillstands Tage,
jetzt kommt die gold'ne Zeit.

Für grenzenlose Buntheit,
nicht kleinkariert schwarz-weiß.
Ein Land ohne Kulturgut
wird endlich hip und heiß.

Lasst uns die Störche schreddern,
das ist Naturgesetz.
Die Grundlast kommt aus Frankreich,
der Schweiz oder dem Netz.

Artikel sind uns heilig,
wir kennen jedes Wort.
Und wie das Wort gemeint ist,
erklär'n wir Euch sofort.

Packt aus Pandoras Büchse
die roten Stifte aus.
Gebt Leserbriefen Farbe,
streicht falsche Meinung raus.

Verbrennen wir die Bücher,
das hat sich stets bewährt.
Noch mehr Benzin für Sarrazin!
Das ist doch nicht verkehrt.

Ihr allerletzten Zweifler,
auf einem Auge blind.
Auch Ihr werdet uns folgen,
weil wir die Guten sind.

Illusionen

Ein Blick ist kein Gedanke,
ein Dach ist noch kein Heim.
Ein Grundsatz keine Wahrheit,
das Leben noch kein Sein.

Ein Staat ist keine Heimat,
ein Berg ist kein Prophet.
Behauptung ist kein Wissen
und Mehrheit kein Beleg.

Ein Zweifel ist kein Aufruhr,
ein Wort kein Attentat.
Gehorsam keine Treue,
Kritik kein Hochverrat.

Heimkehr

Vor Deiner Zeit

In einem Land vor Deiner Zeit,
da wurde ich geboren.
Die Grenzen eng, die Träume weit,
im Tal der Abgeschiedenheit
und neugierigen Ohren.

Die Städte eingehüllt vom Staub
der Bagger und der Schlote.
Die Häuser morsch, die Welt ergraut,
skurril und irgendwie vertraut
wie Pioniergebote.

Die Worte mit Bedacht gesetzt,
gelesen zwischen Zeilen.
Die Blicke klar, der Geist geschätzt,
klammheimlich die Tabus verletzt,
bis tiefe Wunden heilen.

Die Herzen wurden seltsam weich
vom Aneinanderrücken.
Im mehltauüberzog'nen Reich
sind Deines Nächsten Sorgen gleich
in Schulen und Fabriken.

In einem Land vor Deiner Zeit,
da wurde ich geboren.
Ein Volk, am Ende selbst befreit
vom Schatten der Vergangenheit,
und manches doch verloren.

Das Element

Feindlich
nach der Aktenlage,
höchst verdächtig,
keine Frage.

In den Briefen
Staatskritik,
Klassenstandpunkt
nicht im Blick.

Auf den Fotos
vom Quartier,
ausgespäht
nachts um halb vier:

Lenins Bücher
nur zum Schein
neben Sarah Kirsch
und Heym.

Biermann-Platten,
Westkontakte,
alles, alles
in der Akte.

Weitermachen
nach Belieben!
Irgendwann
wer'n wir ihn kriegen.

99,9 Prozent

Alles bleibt bestimmt beim Alten,
trotzdem: Ab zum Zettelfalten!
Vorm Lokal nur drei Genossen,
also schnell hinein, entschlossen.

Im Foyer noch Essensduft
in der Kindergartenluft.
»Hamm Se nicht noch Altpapier?«,
singt ein junger Pionier.

Raum null zwei, ich trete ein,
man nimmt mich in Augenschein.
Da ich heut ich selber bin,
reicht man mir den Umschlag hin.

Auf dem Zettel, wie gewohnt,
thront die Nationale Front.
Uns're Einheitskandidaten,
lang erprobte Kameraden.

Langsam falte ich den Schein,
schreite zum Prozente-Schrein.
Körpertäuschung in Vollendung,
denn ich plane eine Wendung.

Hin zur Alibi-Kabine.
Da verfinstert sich die Miene
und der Chef der Kommission
scheint zu flehen: »Nein, mein Sohn!«

Schnell den blauen Stift gezückt
und schon male ich beglückt
auf den Zettel viele Striche,
lauter kleine Nadelstiche.

Werf ihn in die Urne rein
und geh stolzen Herzens heim.
Nur der Erich an der Wand
lächelt still und süffisant.

SM 70

Sie haben einen Draht gespannt,
dort an der großen Friedenswand.
Dir Deine Beine zu zerreißen
und tief sich in Dein Fleisch zu beißen,
verrätst Du einst das Vaterland.

Wenn Dich die Sehnsucht überfällt
nach jenem andren Teil der Welt.
Verirrst Du Dich im Todesstrahl
aus hundert Splittern kaltem Stahl,
arg listig in den Weg gestellt.

Drum überleg Dir jeden Schritt
und jedes Wort, sie hören mit.
Sechzigtausend Automaten,
stets bereit zu Attentaten,
warten auf den falschen Tritt.

Fahneneid (1987)

»Verachtung soll mich treffen!«
Ich leiste Euren Eid,
regungslos,
gefühllos,
in steingrauer Uniform
an einem steingrauen
Dezembertag.

Im Stechschritt
aus finsteren Zeiten
stolzieren wir grotesk
über die Monotonie
des Appellplatzes.
»Rührt Euch!«,
brüllt der Kommandeur.

In mir rührt sich nichts mehr.
Ich hänge in der Jacke,
erschöpft,
abgestumpft,
nach sechs langen Wochen
im Räderwerk
der Seelenaustreibung.

Rekrutiert,
uniformiert,
kaserniert.
Und noch nicht deformiert.

Mein Briefkasten

Vor meiner Tür, da hängt ein Kasten,
ein Souvenir aus alter Zeit.
Das Blech verbeult, und blaue Farbe
blättert herab schon viele Jahre
klammheimlich auf den Bürgersteig.

In seinem Bauch hab ich gefunden
einst Postkarten vom Urlaubsglück.
Mit Bildern aus verbot'nen Ländern –
»Warum sind Dinge sind nicht zu ändern?«,
dacht ich naiv mit Kinderblick.

So viele Briefe voller Weisheit,
von Freunden nah und manchen fern.
Gefüllt mit Ehrlichkeit und Sorgen:
Verweil ich oder zieh ich morgen
weit weg auf einen andren Stern?

Und später, als das Herz erwachte
in meiner Brust mit Donnerschlag,
stand voller Sehnsucht nur nach ihr
und rosa Worten auf Papier
ich hier an jedem Nachmittag.

Die Knie fingen an zu zittern,
betrat die Postfrau unsern Platz.
Den kleinen Schlüssel in der Hand,
bin ich durchs Treppenhaus gerannt,
und jeder Brief ein wahrer Schatz.

Nicht immer fand ich frohe Kunde
versteckt in seinem inn'ren Kern.
An einem Mittwoch lag sie da,
die Einladung der NVA
zu einem Ort unendlich fern.

Am Tag darauf der nächste Kummer,
tiefschwarz umrandetes Geschick.
Ein Eilschreiben am frühen Morgen,
mein Onkel Rudi war gestorben.
Ich hielt es fest mit starrem Blick.

Was könnt das Blechhäuschen erzählen.
Verbrieft in der Vergangenheit
sind Freundschaft, Heimweh, erste Liebe,
die Trauer, Schicksal, Freiheitstriebe,
in Zeilen voll Bedeutsamkeit.

Es war die Zeit bewegter Worte.
Steck ich den Schlüssel heut ins Schloss,
fällt mir nur Ballast vor die Füße,
der Rechnungsberg und Aldi-Grüße,
auf Glanzpapicr, oft riesengroß.

Vor meiner Tür, da hängt ein Kasten,
ein Denkmal, völlig sinnentstellt.
Das Blech verbeult, und kaum noch Farbe,
und dabei war er viele Jahre,
für mich das kleine Tor zur Welt.

Leonids letzte Rache (11.11.1982)

Liebe Kinder, guten Morgen!
Genosse Breschnew ist gestorben.
Zieht rasch die Kostüme aus,
der 11.11. fällt heut aus.
Und schnell ab mit den Girlanden.
Kinder, habt Ihr mich verstanden?
Dunkle Sachen sollt Ihr tragen
in den nächsten sieben Tagen.
Denn die ganze Republik
trauert nun, wir trauern mit
um den heldenhaften Sohn
unserer Sowjetunion.
Ein dicker Kloß in meiner Kehle,
in den Augen eine Träne.
Ich bin traurig, kann's kaum glauben,
muss das Schicksal ihn uns rauben?
Unsern tollen Tag mit Fete
vor der Klassenraumtapete?
Mit Musik und Diskoblitz,
Fettbrot, Gurken, Erdnussflips,
und mit Mädchen knutschen, ehrlich,
feucht wie Leonid und Erich.
Alles fällt ins Wasser, Leute.
Warum ausgerechnet heute?
Gut, man sah ihn selten lachen
oder mal ein Witzchen machen.
Da dacht der Tod wohl: Tut mir leid,
ich hol ihn vor der Faschingszeit!

Kassettenrekorder

Im Neonlampenschimmer
steht er seit letztem Samstag hier,
jugendgeweiht auf dem Klavier
in meinem Kinderzimmer.

Auf Jagd nach neuen Klängen
bin ich schon wieder aufgewacht
und lausch vor ihm wie jede Nacht
den himmlischen Gesängen.

Der Westwind weht in Wellen,
die Noten fließen durch den Kopf,
den Finger stets am roten Knopf,
berauscht in allen Zellen.

Ein Anfang und ein Ende,
die Ohren auf und nicht gepennt,
dass ich im richtigen Moment,
die Tasten drück behände.

Die Jagd ist nicht vergebens,
denn überall, wo ich nun bin,
trag ich auch meine Lieder hin,
vom wahren Sinn des Lebens.

Fernsprechtrauma

Sie wirft die nächsten Groschen ein,
die Oma in der Schürze.
Erzählt von Gott und Zipperlein
nicht in gebot'ner Kürze.

Ich zittre, sehe langsam rot,
hier vor der kleinen Zelle.
Ganz sicher hol ich mir den Tod,
im Regen ohne Pelle.

Schon öfter stand ich hinter ihr,
verzweifelt und verfroren.
Das war ein jedes Mal um vier,
drum hatt' ich mir geschworen:

Ich geh jetzt immer schon um drei,
zum Platz mit schnellem Schritte.
Da ist die Zelle sicher frei
von jeder Quasselstrippe.

Es ist Schlag drei, was macht sie hier?
Braucht sie zwei neue Zeiger?
Ich muss doch reden, nur mit Dir,
und spiel den großen Schweiger.

Total durchnässt steh ich davor,
jetzt nestelt sie am Kabel,
nimmt dann den Hörer weg vom Ohr,
verdächtig Richtung Gabel.

Ich jubilier: Sie geht nach Haus,
und zwar gleich auf der der Stelle!
Sie kramt nur neue Groschen raus,
die Oma in der Zelle.

Zwischenraum

Gras wächst auch aus den Fugen
unbezwingbarer Mauern,
es gibt Heimat und Leben
hinter Zäunen aus Stahl.
Menschen bau'n ihre Nester,
zwischen Hoffnung und Trauer.
Wohin Schicksal uns leitet,
hat man selten die Wahl.

Es scheint Sonne, fällt Regen
durch die eisernen Stäbe,
es gibt Nähe und Wärme,
Urlaubswochen am Meer.
Kinder blühen geborgen
im vertrauten Gewebe.
Erste Schritte vor Wände
stell'n den Kopf manchmal quer.

Alltagsgrau, bunte Farben
in den friedvollen Seelen,
es gibt Freundschaft und Liebe,
Lebenslust, Bitterkeit.
Eingesperrte Gedanken,
dennoch Worte, die zählen.
Einer trage den andern
durch die bleierne Zeit.

An der Zeit

Nebliger
Septembertag,
Treffpunkt
19 Uhr im Park

Gorbi an der
alten Jacke,
in der Hand
bemalte Pappe

Menschenmenge
riesengroß,
VoPo-Augen
fassungslos

Häscher an den
Straßenrändern,
Zeit, die Dinge
zu verändern

Stolze, mutige
Gesichter,
hoffnungsvolle
Friedenslichter

Kerzen vor die
Stasi-Tür.
Nächsten Montag:
Wieder hier!

Unterm Steinemeer

So viele ungelebte Träume
im Schatten hochgewachs'ner Bäume.
So viel Bereutes,
vom Winde Zerstreutes,
zu wenig Gewagtes,
auf ewig Vertagtes.

So viele ungesagte Worte
hier an der Stille liebstem Orte.
So lange vermieden,
zu Tode geschwiegen,
klammheimlich verborgen,
für immer verloren.

So viele ungestellte Fragen
aus ungenutzten Erdentagen.
So mutlos verschoben,
versteckt, aufgehoben,
zu schnell aufgegeben –
zu groß für ein Leben.

Aus dem Staub

Verändert Staub das Angesicht?
Nur die im Dunkeln sieht man nicht,
in Träumen kehr'n sie wieder.
Als helle Schatten dann und wann,
damit ich mich erinnern kann,
so sinken sie hernieder.

Betäubt ein vager Trost den Schmerz?
Steigt alle Hoffnung himmelwärts
ins Reich der fernen Seelen?
Für die, die trauern hier im Tal,
ohnmächtig noch vom tiefen Fall
ins kalte Meer der Tränen.

Vergräbt die Zeit Vergangenheit
nun Stück für Stück, bis nichts mehr bleibt
am Ende aller Tage?
Und ist das Ende auch der Schluss,
den mein Herz akzeptieren muss –
das bleibt die letzte Frage.

Heimkehr

Wie angewurzelt bleib ich steh'n
und kann doch tausend Schritte geh'n
auf heimatlicher Erde.
Den Rucksack voll gelebter Träume
stell ich den Stock in meine Räume,
verziert mit neuer Kerbe.

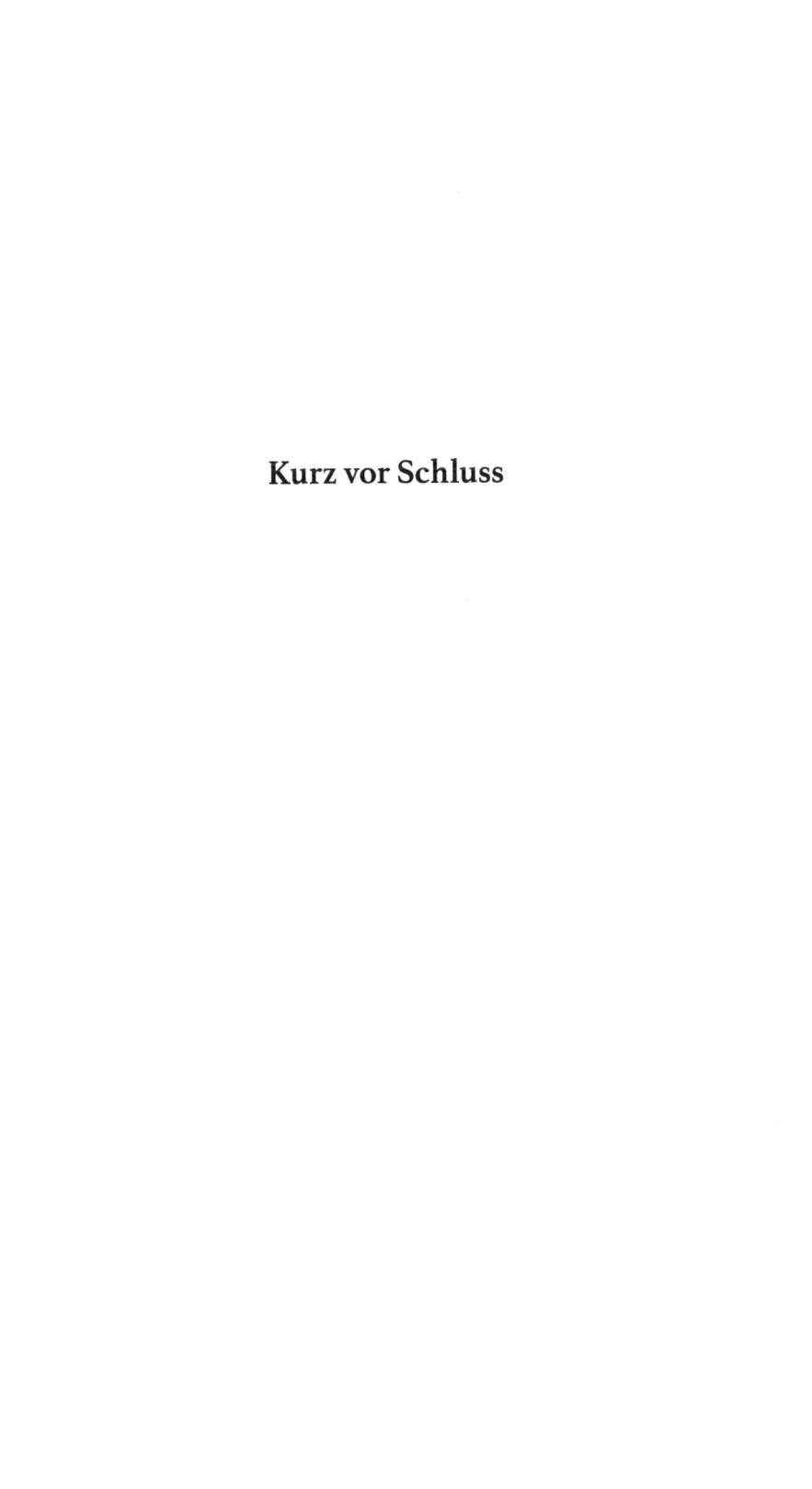

Kurz vor Schluss

Männer und Frauen

»So gerne wär ich Dein Komet,
Du schöne Sternenfrau.«
Sie keift: »Du bist mir schnuppe.«
Und er strahlt: »Ja, genau!«

Seltene Berufskrankheit

Der Gärtner mit der Rechenschwäche
stand ratlos vor der Rasenfläche.

Depressiver Geburtstag

Weil ich nichts mehr gebacken krieg,
gibt's heut auch keinen Kuchen!
Auch was zu trinken gibt es nicht,
bei mir sind nur die Schotten dicht,
drum kommt mich nicht besuchen!

Unverschämter Klimawandel

Der Wind streicht mild mir um die Ohren,
der Winter ist recht unverfroren.

Büroliebe

Die ganz große Liebe, der stocksteife Bernd,
saß ein' Nadelstreifen von ihr nur entfernt.

Der einzige Zeuge

Ich bin so scheu und gern allein,
das Selfie soll mein Zeuge sein.

Vergebene Müh

Bei der Kunst der Fuge
musst Du nur
an Deinen Fliesenleger denken?
Schade!
Und Dir wollte ich noch
meine Bach-Platten schenken.

Betriebsunfall im 3-Sterne-Restaurant

Er nieste auf den Käseteller
und pries ihn an als »Rotzarella«.

Kompromiss

Was Du heute kannst besorgen,
das verschiebe nicht auf morgen!
Nur, falls es kein Morgen gibt,
ist es besser, man verschiebt.

Wahlplakate

Lügen haben kurze Beine,
darum sieht man bei Euch keine!

Sicher ist sicher

Der Imker alle Waben meidet,
seit er an Schleudertrauma leidet.

Fruchtlos

Ein Obstbauer der Birn out hat,
bekommt nie die Familie satt.

Provokation

Geduld ist mir nicht völlig fremd,
nur manchmal werd ich ungehemmt,
wenn ständig einer zu mir sagt:
»Mein lieber Freund, nun wart's mal ab!«

Hypochonder

Liest Du zu eifrig im Pschyrembel,
bekommst Du auch den ganzen Krempel!

Muttis Urlaubstraum

Perfekter noch als windstill?
Kind still!

Teenager-Sprechstunde beim HNO-Arzt

»Na, Thorben,
Du schon wieder hier?
Was macht die Nase?«
»Läuft bei mir!«

Undemokratisch

Zum Trotze aller Unkenrufer:
Dort, wo einst See war, ist nun Ufer!

Eindringlicher Rat

Bist Du ein Messie von Natur,
geh bitte nicht zur Müllabfuhr!

Corona-Welle am Landgericht

Was ist am Virus das Fatale?
Zu viele freie Radikale!

Kaum zu glauben

Der Windpark ist zu groß geraten,
nun kannst Du oft 'nen Storch Dir braten.

Schräge Vögel

Einst sprach der Specht zum Eichelhäher:
»Gib mir sofort die Eichel her!«
Der Häher sagt nur: »Was fällt Dir ein?
Du musst total behämmert sein.«
Darauf der Specht: »Jetzt bloß kein Neid,
bei mir 'ne Selbstverständlichkeit!«

Die alte Meise tschirpt am Knödel:
»Mein lieber Schwan, was für zwei Vögel!«